Cristal Velloso

ORQUESTRA DE FLAUTA DOCE

Nº Cat.: 343-A

Irmãos Vitale S.A. Indústria e Comércio
www.vitale.com.br
Rua França Pinto, 42 Vila Mariana São Paulo SP
CEP: 04016-000 Tel.: 11 5081-9499 Fax: 11 5574-7388

© Copyright 2016 by Irmãos Vitale S.A. Ind. e Com. - São Paulo - Brasil
Todos os direitos autorais reservados para todos os países. *All rights reserved.*

CRÉDITOS

Capa
Aline M. Leite

Revisão Ortográfica
Marcos Roque

Editoração Musical
Joel Ferreira de Carvalho

Diagramação
Eduardo Wahrhaftig

Coordenação Editorial
Roberto Votta

Produção Executiva
Fernando Vitale

Agradecimentos
À Joel Ferreira de Carvalho
À Wiliam Kobata *(in memoriam)*

CIP-BRASIL. CATALOGAÇÃO NA FONTE
SINDICATO NACIONAL DOS EDITORES DE LIVROS - RJ.

V552o

Velloso, Cristal, 1962-
   Orquestra flauta doce / Cristal Velloso. - 1. ed. - São Paulo : Irmãos Vitale, 2016.
   20 p. : il. ; 29 cm.

   Inclui índice
   Introdução
   ISBN 978-85-7407-452-8

   1. Flauta doce - Instrução e estudo. I. Título.

16-32329   CDD: 788.53
                                              CDU: 788.52

14/04/2016   18/04/2016

Índice

Introdução 04

Una Flor de la Cantuta 07

Canóles 11

3 Peças Fáceis Para Flauta Doce 15

Introdução

Uma das coisas mais gostosas de fazer na vida é tocar um instrumento. Quando aprendemos a tocar, invariavelmente sonhamos em tocar numa orquestra. Sempre pensamos em orquestra na formação tradicional: cordas, sopros (metais e madeiras) e percussão.

Por que então falar em orquestra de flauta doce? Não seria um termo pouco apropriado para essa formação?

Se pensarmos na palavra orquestra como a junção de instrumentos de diferentes famílias, o termo não será apropriado. Se pensarmos que na orquestra nos obrigamos a organizar, harmonizar e a manter a comunicação através da linguagem musical de forma sinérgica, compartilhando a experiência de um único corpo sonoro, aí sim o termo se torna bastante apropriado.

Nesta publicação, proponho três pequenas peças fáceis de Richard Rudolf Klein, uma adaptação do original para flauta doce soprano e piano, a canção folclórica latino-americana "Una Flor de La Cantuta" e o cânone "Canóles".

São peças curtas, muito simples e foram pensadas para alunos iniciantes, com pouca experiência em tocar em conjunto.

Na verdade, a leitura dessas músicas é bem fácil, porém há certa complexidade na execução entre grupos iniciantes. Tenho observado que alguns alunos ao resolverem a leitura, entendem terem resolvido também a peça. Isso, porém, é ilusão. Tocar bem em conjunto exige trabalho, concentração e audição das partes e do todo. Ensaio é bem diferente de aula. Quando em aula, estudamos. Em ensaio, apenas tocamos o que foi estudado. Esse conceito, por mais simples que seja não é de fácil assimilação pelos alunos, porém, é de extrema importância para o desenvolvimento do trabalho em conjunto.

Iniciantes em sala de aula buscam a urgência do resultado, porém, muitas vezes, no primeiro momento, ele é frustrante, pois até que todos estejam prontos, de forma a tocarem juntos, leva tempo e se torna necessária a espera do tempo do outro também. É justamente por isso que estudamos, para domar nossas dificuldades.

Digo domar porque resolver a leitura, treinar respiração, digitação e articulação se configuram como o primeiro estágio. Domar a ansiedade, a impaciência, a preguiça de estudar são desafios que nem todos conseguem superar. Esperar a concentração de todos, que não errem e não desafinem exige paciência e é o mínimo que se deseja de uma execução musical. Portanto, o ato de fazer música de verdade se encontra em outro estágio. O resultado do crescimento expressivo do grupo como um todo é consequência de todo esse processo.

Quando o grupo, tocando junto, consegue um resultado sonoro superior ao melhor resultado sonoro individual, isso significa que chegou ao que chamo de experiência sinérgica. No resultado sinérgico, o aluno mais fraco tem a experiência real de como seria se resolvesse suas dificuldades. Tocar só, sem a companhia de mais ninguém, deve despertar a mesma alegria de tocar em grupo. Essa é a melhor estratégia para mostrar ao aluno onde ele pode chegar individualmente.

Una Flor de La Cantuta

Folclore peruano

Letra

Una flor de la cantuta en el río se cayó
Púsose contento el río, su perfume se llevó

La flauta del pastorcito en el río se cayó
Púsose contento el río, su música se llevó

El llanto de la niña en el río se cayó,
Púsose contento en el río, cristalino se volvió

El llanto y la cantuta y la flauta del pastor
Pusieron contento al río que ya no los devolvió.

Curiosidade

A flor de la cantuta é um tipo de hibisco e é considerada pelos incas uma flor sagrada.

Una Flor de La Cantuta
Quarteto de flautas doce

Folclore peruano
Arr.: Cristal Velloso

Domínio Público

Canóles

Os cânones sempre me fascinaram pela simplicidade, pelo efeito de caleidoscópio e por seu apelo pedagógico no que tange a proporcionar aos ouvidos menos treinados a alegria de identificar os trechos que se reapresentam durante o discurso musical.

Compus "Canóles" com o objetivo de proporcionar aos meus alunos o desafio de tocar algo diferente do que eles conheciam. Que fosse fácil o suficiente para tocarmos em uma aula e difícil o bastante para que não se desinteressassem pelo processo de construção de uma atividade musical em conjunto.

Escolhi o título "Canóles" por ser um doce italiano de que gosto muito. Talvez goste mais de cânones do que de canóles.

Talvez componha outra com o título de "Tiramisù".

Canóles

Cristal Velloso

© Copyright by Cristal Velloso

3 Peças Fáceis Para Flauta Doce

Adaptação do original para flauta doce soprano e piano, de Richard Rudolf Klein

Tenho uma ligação afetiva com essa peça. A primeira vez que me apresentei com um pianista diferente da minha professora, lá pelos meus oito anos de idade, foi com essa peça. O pianista foi (o hoje percussionista) Carmo Bartoloni. Eu era criança e ele um jovem músico. Foi muito emocionante para mim.

Além do aspecto afetivo, a música se configura em algo muito interessante: sai dos compassos simples e compostos e lança seu executor para o universo dos mistos.

Foi composta para flauta doce, não é uma adaptação.

As três peças juntas podem ser vistas como uma só, perfazendo uma sonata com três movimentos. O compositor é do século XX. Música moderna para flauta doce, um luxo!

Richard Rudolf Klein (21 de maio de 1921 em Nussdorf / Pfalz – 17 de dezembro de 2011) foi músico, compositor e professor universitário alemão. A grande variedade de suas composições inclui diferentes gêneros, como música para crianças e hinos, música de câmara, música orquestral e concertos instrumentais.

Drei leichteStücke
Para flauta doce

Richard Rudolf Klein
Adap.: Cristal Velloso

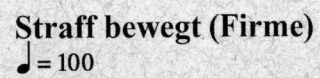

FlieIBende Halbe (Fluido)

Ziemlich rasch (Rapidamente)

19